여정
필사노트

Season 1. 하나님

이연임 지음 · 여정리더팀 공동연구

Dear Deer

목차

Chapter 1

변치 않으시는 하나님

Day 1

창세기 17:1~9

1 아브람이 구십구 세 때에 여호와께서 아브람에게 나타나서 그에게 이르시되 나는 전능한 하나님이라 너는 내 앞에서 행하여 완전하라 2 내가 내 언약을 나와 너 사이에 두어 너를 크게 번성하게 하리라 하시니 3 아브람이 엎드렸더니 하나님이 또 그에게 말씀하여 이르시되 4 보라 내 언약이 너와 함께 있으니 너는 여러 민족의 아버지가 될지라 5 이제 후로는 네 이름을 아브람이라 하지 아니하고 아브라함이라 하리니 이는 내가 너를 여러 민족의 아버지가 되게 함이니라 6 내가 너로 심히 번성하게 하리니 내가 네게서 민족들이 나게 하며 왕들이 네게로부터 나오리라 7 내가 내 언약을 나와 너 및 네 대대 후손 사이에 세워서 영원한 언약을 삼고 너와 네 후손의 하나님이 되리라 8 내가 너와 네 후손에게 네가 거류하는 이 땅 곧 가나안 온 땅을 주어 영원한 기업이 되게 하고 나는 그들의 하나님이 되리라 9 하나님이 또 아브라함에게 이르시되 그런즉 너는 내 언약을 지키고 네 후손도 대대로 지키라

필사 Note

하나님과의 대화

1. 오늘 말씀에서 발견한 하나님은 어떤 분이신가요?

2. (당신의 질문) 오늘 하나님께 이야기하고 싶은 것, 묻고 싶은 것을 적어주세요.

"

3. (그분의 답변) 하나님은 당신의 이야기에, 질문에 무엇이라고 대답하시는 것 같나요? 아버지께서 떠오르게 하시는 생각, 말씀, 행동이 있다면 적어보세요.

"

Day 2

갈라디아서 3:29

너희가 그리스도의 것이면 곧 아브라함의 자손이요 약속대로 유업을 이을 자니라

레위기 11:45

나는 너희의 하나님이 되려고 너희를 애굽 땅에서 인도하여 낸 여호와라 내가 거룩하니 너희도 거룩할지어다

레위기 26:12~13

12 나는 너희 중에 행하여 너희의 하나님이 되고 너희는 내 백성이 될 것이니라 13 나는 너희를 애굽 땅에서 인도해 내어 그들에게 종된 것을 면하게 한 너희의 하나님 여호와이니라 내가 너희의 멍에의 빗장을 부수고 너희를 바로 서서 걷게 하였느니라

필사 Note

하나님과의 대화

1. 오늘 말씀에서 발견한 하나님은 어떤 분이신가요?

2. (당신의 질문) 오늘 하나님께 이야기하고 싶은 것, 묻고 싶은 것을 적어주세요.

    "

                                                                        "

3. (그분의 답변) 하나님은 당신의 이야기에, 질문에 무엇이라고 대답하시는 것 같나요? 아버지께서 떠오르게 하시는 생각, 말씀, 행동이 있다면 적어보세요.

    "

                                                                        "

Day 3

예레미야 31:31~34

31 여호와의 말씀이니라 보라 날이 이르리니 내가 이스라엘 집과 유다 집에 새 언약을 맺으리라 32 이 언약은 내가 그들의 조상들의 손을 잡고 애굽 땅에서 인도하여 내던 날에 맺은 것과 같지 아니할 것은 내가 그들의 남편이 되었어도 그들이 내 언약을 깨뜨렸음이라 여호와의 말씀이니라 33 그러나 그 날 후에 내가 이스라엘 집과 맺을 언약은 이러하니 곧 내가 나의 법을 그들의 속에 두며 그들의 마음에 기록하여 나는 그들의 하나님이 되고 그들은 내 백성이 될 것이라 여호와의 말씀이니라 34 그들이 다시는 각기 이웃과 형제를 가리켜 이르기를 너는 여호와를 알라 하지 아니하리니 이는 작은 자로부터 큰 자까지 다 나를 알기 때문이라 내가 그들의 악행을 사하고 다시는 그 죄를 기억하지 아니하리라 여호와의 말씀이니라

필사 Note

하나님과의 대화

1. 오늘 말씀에서 발견한 하나님은 어떤 분이신가요?

2. (당신의 질문) 오늘 하나님께 이야기하고 싶은 것, 묻고 싶은 것을 적어주세요.

    ❝

                        ❞

3. (그분의 답변) 하나님은 당신의 이야기에, 질문에 무엇이라고 대답하시는 것 같나요? 아버지께서 떠오르게 하시는 생각, 말씀, 행동이 있다면 적어보세요.

    ❝

                        ❞

Day 4

로마서 7:4~6

4 그러므로 내 형제들아 너희도 그리스도의 몸으로 말미암아 율법에 대하여 죽임을 당하였으니 이는 다른 이 곧 죽은 자 가운데서 살아나신 이에게 가서 우리가 하나님을 위하여 열매를 맺게 하려 함이라 5 우리가 육신에 있을 때에는 율법으로 말미암는 죄의 정욕이 우리 지체 중에 역사하여 우리로 사망을 위하여 열매를 맺게 하였더니 6 이제는 우리가 얽매였던 것에 대하여 죽었으므로 율법에서 벗어났으니 이러므로 우리가 영의 새로운 것으로 섬길 것이요 율법 조문의 묵은 것으로 아니할지니라

베드로전서 2:9

그러나 너희는 택하신 족속이요 왕 같은 제사장들이요 거룩한 나라요 그의 소유가 된 백성이니 이는 너희를 어두운 데서 불러 내어 그의 기이한 빛에 들어가게 하신 이의 아름다운 덕을 선포하게 하려 하심이라

필사 Note

하나님과의 대화

1. 오늘 말씀에서 발견한 하나님은 어떤 분이신가요?

2. (당신의 질문) 오늘 하나님께 이야기하고 싶은 것, 묻고 싶은 것을 적어주세요.

3. (그분의 답변) 하나님은 당신의 이야기에, 질문에 무엇이라고 대답하시는 것 같나요? 아버지께서 떠오르게 하시는 생각, 말씀, 행동이 있다면 적어보세요.

Day 5

요한계시록 21:3~8

3 내가 들으니 보좌에서 큰 음성이 나서 이르되 보라 하나님의 장막이 사람들과 함께 있으매 하나님이 그들과 함께 계시리니 그들은 하나님의 백성이 되고 하나님은 친히 그들과 함께 계셔서 4 모든 눈물을 그 눈에서 닦아 주시니 다시는 사망이 없고 애통하는 것이나 곡하는 것이나 아픈 것이 다시 있지 아니하리니 처음 것들이 다 지나갔음이러라 5 보좌에 앉으신 이가 이르시되 보라 내가 만물을 새롭게 하노라 하시고 또 이르시되 이 말은 신실하고 참되니 기록하라 하시고 6 또 내게 말씀하시되 이루었도다 나는 알파와 오메가요 처음과 마지막이라 내가 생명수 샘물을 목마른 자에게 값없이 주리니 7 이기는 자는 이것들을 상속으로 받으리라 나는 그의 하나님이 되고 그는 내 아들이 되리라 8 그러나 두려워하는 자들과 믿지 아니하는 자들과 흉악한 자들과 살인자들과 음행하는 자들과 점술가들과 우상 숭배자들과 거짓말하는 모든 자들은 불과 유황으로 타는 못에 던져지리니 이것이 둘째 사망이라

필사 Note

하나님과의 대화

1. 오늘 말씀에서 발견한 하나님은 어떤 분이신가요?

2. (당신의 질문) 오늘 하나님께 이야기하고 싶은 것, 묻고 싶은 것을 적어주세요.

3. (그분의 답변) 하나님은 당신의 이야기에, 질문에 무엇이라고 대답하시는 것 같나요? 아버지께서 떠오르게 하시는 생각, 말씀, 행동이 있다면 적어보세요.

Chapter 2

시간을 초월하신 하나님

Day 1

창세기 1:1-2

1 태초에 하나님이 천지를 창조하시니라 2 땅이 혼돈하고 공허하며 흑암이 깊음 위에 있고 하나님의 영은 수면 위에 운행하시니라

필사 Note

하나님과의 대화

1. 오늘 말씀에서 발견한 하나님은 어떤 분이신가요?

2. (당신의 질문) 오늘 하나님께 이야기하고 싶은 것, 묻고 싶은 것을 적어주세요.

"

3. (그분의 답변) 하나님은 당신의 이야기에, 질문에 무엇이라고 대답하시는 것 같나요? 아버지께서 떠오르게 하시는 생각, 말씀, 행동이 있다면 적어보세요.

"

Day 2

창세기 1:3-5

3 하나님이 이르시되 빛이 있으라 하시니 빛이 있었고 4 빛이 하나님이 보시기에 좋았더라 하나님이 빛과 어둠을 나누사 5 하나님이 빛을 낮이라 부르시고 어둠을 밤이라 부르시니라 저녁이 되고 아침이 되니 이는 첫째 날이니라

필사 Note

하나님과의 대화

1. 오늘 말씀에서 발견한 하나님은 어떤 분이신가요?

2. (당신의 질문) 오늘 하나님께 이야기하고 싶은 것, 묻고 싶은 것을 적어주세요.

3. (그분의 답변) 하나님은 당신의 이야기에, 질문에 무엇이라고 대답하시는 것 같나요? 아버지께서 떠오르게 하시는 생각, 말씀, 행동이 있다면 적어보세요.

Day 3

시편 90:1-4

1 주여 주는 대대에 우리의 거처가 되셨나이다 2 산이 생기기 전, 땅과 세계도 주께서 조성하시기 전 곧 영원부터 영원까지 주는 하나님이시니이다 3 주께서 사람을 티끌로 돌아가게 하시고 말씀하시기를 너희 인생들은 돌아가라 하셨사오니 4 주의 목전에는 천년이 지나간 어제 같으며 밤의 한 순간 같을 뿐임이니이다

필사 Note

Chapter 2 / 시간을 초월하신 하나님

하나님과의 대화

1. 오늘 말씀에서 발견한 하나님은 어떤 분이신가요?

2. (당신의 질문) 오늘 하나님께 이야기하고 싶은 것, 묻고 싶은 것을 적어주세요.

3. (그분의 답변) 하나님은 당신의 이야기에, 질문에 무엇이라고 대답하시는 것 같나요? 아버지께서 떠오르게 하시는 생각, 말씀, 행동이 있다면 적어보세요.

Day 4

시편 139:16

내 형질이 이루어지기 전에 주의 눈이 보셨으며 나를 위하여 정한 날이 하루도 되기 전에 주의 책에 다 기록이 되었나이다

신명기 11:26-28

26 내가 오늘 복과 저주를 너희 앞에 두나니 27 너희가 만일 내가 오늘 너희에게 명하는 너희의 하나님 여호와의 명령을 들으면 복이 될 것이요 28 너희가 만일 내가 오늘 너희에게 명령하는 도에서 돌이켜 떠나 너희의 하나님 여호와의 명령을 듣지 아니하고 본래 알지 못하던 다른 신들을 따르면 저주를 받으리라

필사 Note

....

....

....

....

....

....

....

....

....

하나님과의 대화

1. 오늘 말씀에서 발견한 하나님은 어떤 분이신가요?

2. (당신의 질문) 오늘 하나님께 이야기하고 싶은 것, 묻고 싶은 것을 적어주세요.

3. (그분의 답변) 하나님은 당신의 이야기에, 질문에 무엇이라고 대답하시는 것 같나요? 아버지께서 떠오르게 하시는 생각, 말씀, 행동이 있다면 적어보세요.

Day 5

시편 139:17-18

17 하나님이여 주의 생각이 내게 어찌 그리 보배로우신지요 그 수가 어찌 그리 많은지요
18 내가 세려고 할찌라도 그 수가 모래보다 많도소이다 내가 깰 때에도 오히려 주와 함께
있나이다

필사 Note

하나님과의 대화

1. 오늘 말씀에서 발견한 하나님은 어떤 분이신가요?

2. (당신의 질문) 오늘 하나님께 이야기하고 싶은 것, 묻고 싶은 것을 적어주세요.

"

3. (그분의 답변) 하나님은 당신의 이야기에, 질문에 무엇이라고 대답하시는 것 같나요? 아버지께서 떠오르게 하시는 생각, 말씀, 행동이 있다면 적어보세요.

"

Chapter 3

전지전능하시고 무소부재하신 하나님

Day 1

요한1서 3:20

이는 우리 마음이 혹 우리를 책망할 일이 있어도 하나님은 우리 마음보다 크시고 모든 것을 아시기 때문이라

시편 139:1~6

1 여호와여 주께서 나를 살펴 보셨으므로 나를 아시나이다 2 주께서 내가 앉고 일어섬을 아시고 멀리서도 나의 생각을 밝히 아시오며 3 나의 모든 길과 내가 눕는 것을 살펴 보셨으므로 나의 모든 행위를 익히 아시오니 4 여호와여 내 혀의 말을 알지 못하시는 것이 하나도 없으시니이다 5 주께서 나의 앞뒤를 둘러싸시고 내게 안수하셨나이다 6 이 지식이 내게 너무 기이하니 높아서 내가 능히 미치지 못하나이다

필사 Note

....

....

....

....

....

....

....

....

....

하나님과의 대화

1. 오늘 말씀에서 발견한 하나님은 어떤 분이신가요?

2. (당신의 질문) 오늘 하나님께 이야기하고 싶은 것, 묻고 싶은 것을 적어주세요.

3. (그분의 답변) 하나님은 당신의 이야기에, 질문에 무엇이라고 대답하시는 것 같나요? 아버지께서 떠오르게 하시는 생각, 말씀, 행동이 있다면 적어보세요.

Day 2

마태복음 19:26

예수께서 그들을 보시며 이르시되 사람으로는 할 수 없으나 하나님으로서는 다 하실 수 있느니라

시편 139:7~10

7 내가 주의 영을 떠나 어디로 가며 주의 앞에서 어디로 피하리이까 8 내가 하늘에 올라 갈지라도 거기 계시며 스올에 내 자리를 펼지라도 거기 계시니이다 9 내가 새벽 날개를 치며 바다 끝에 가서 거주할지라도 10 거기서도 주의 손이 나를 인도하시며 주의 오른손 이 나를 붙드시리이다

필사 Note

하나님과의 대화

1. 오늘 말씀에서 발견한 하나님은 어떤 분이신가요?

2. (당신의 질문) 오늘 하나님께 이야기하고 싶은 것, 묻고 싶은 것을 적어주세요.

3. (그분의 답변) 하나님은 당신의 이야기에, 질문에 무엇이라고 대답하시는 것 같나요? 아버지께서 떠오르게 하시는 생각, 말씀, 행동이 있다면 적어보세요.

Day 3

예레미야 23:23-24

23 여호와의 말씀이니라 나는 가까운 데에 있는 하나님이요 먼 데에 있는 하나님은 아니냐 24 여호와의 말씀이니라 사람이 내게 보이지 아니하려고 누가 자신을 은밀한 곳에 숨길 수 있겠느냐 여호와가 말하노라 나는 천지에 충만하지 아니하냐

디모데전서 6:15

기약이 이르면 하나님이 그의 나타나심을 보이시리니 하나님은 복되시고 유일하신 주권자이시며 만왕의 왕이시며 만주의 주시오

필사 Note

하나님과의 대화

1. 오늘 말씀에서 발견한 하나님은 어떤 분이신가요?

2. (당신의 질문) 오늘 하나님께 이야기하고 싶은 것, 묻고 싶은 것을 적어주세요.

“

”

3. (그분의 답변) 하나님은 당신의 이야기에, 질문에 무엇이라고 대답하시는 것 같나요? 아버지께서 떠오르게 하시는 생각, 말씀, 행동이 있다면 적어보세요.

“

”

Day 4

예레미야 29:11

여호와의 말씀이니라 너희를 향한 나의 생각을 내가 아나니 평안이요 재앙이 아니니라 너희에게 미래와 희망을 주는 것이니라

사도행전 1:7

이르시되 때와 시기는 아버지께서 자기의 권한에 두셨으니 너희가 알 바 아니요

필사 Note

Chapter 3 / 전지전능하고 무소부재하신 하나님

하나님과의 대화

1. 오늘 말씀에서 발견한 하나님은 어떤 분이신가요?

2. (당신의 질문) 오늘 하나님께 이야기하고 싶은 것, 묻고 싶은 것을 적어주세요.

3. (그분의 답변) 하나님은 당신의 이야기에, 질문에 무엇이라고 대답하시는 것 같나요? 아버지께서 떠오르게 하시는 생각, 말씀, 행동이 있다면 적어보세요.

Day 5

전도서 7:14

형통한 날에는 기뻐하고 곤고한 날에는 되돌아 보아라 이 두 가지를 하나님이 병행하게 하사 사람이 그의 장래 일을 능히 헤아려 알지 못하게 하셨느니라

마태복음 8:10

예수께서 들으시고 놀랍게 여겨 따르는 자들에게 이르시되 내가 진실로 너희에게 이르노니 이스라엘 중 아무에게서도 이만한 믿음을 보지 못하였노라

필사 Note

Chapter 3 / 전지전능하고 무소부재하신 하나님

하나님과의 대화

1. 오늘 말씀에서 발견한 하나님은 어떤 분이신가요?

2. (당신의 질문) 오늘 하나님께 이야기하고 싶은 것, 묻고 싶은 것을 적어주세요.

3. (그분의 답변) 하나님은 당신의 이야기에, 질문에 무엇이라고 대답하시는 것 같나요? 아버지께서 떠오르게 하시는 생각, 말씀, 행동이 있다면 적어보세요.

Chapter 4

거룩하신 하나님

Day 1

레위기 11:45

나는 너희의 하나님이 되려고 너희를 애굽 땅에서 인도하여 낸 여호와라 내가 거룩하니 너희도 거룩할지어다

레위기 20:22~26

22 너희는 나의 모든 규례와 법도를 지켜 행하라 그리하여야 내가 너희를 인도하여 거주하게 하는 땅이 너희를 토하지 아니하리라 23 너희는 내가 너희 앞에서 쫓아내는 족속의 풍속을 따르지 말라 그들이 이 모든 일을 행하므로 내가 그들을 가증히 여기노라 24 내가 전에 너희에게 이르기를 너희가 그들의 땅을 기업으로 받을 것이라 내가 그 땅 곧 젖과 꿀이 흐르는땅을 너희에게 주어 유업을 삼게 하리라 하였노라 나는 너희를 만민 중에서 구별한 너희의 하나님 여호와이니라 25 너희는 짐승이 정하고 부정함과 새가 정하고 부정함을 구별하고 내가 너희를 위하여 부정한 것으로 구별한 짐승이나 새나 땅에 기는 것들로 너희의 몸을 더럽히지 말라 26 너희는 나에게 거룩할지어다 이는 나 여호와가 거룩하고 내가 또 너희를 나의 소유로 삼으려고 너희를 만민 중에서 구별하였음이니라

필사 Note

하나님과의 대화

1. 오늘 말씀에서 발견한 하나님은 어떤 분이신가요?

2. (당신의 질문) 오늘 하나님께 이야기하고 싶은 것, 묻고 싶은 것을 적어주세요.

3. (그분의 답변) 하나님은 당신의 이야기에, 질문에 무엇이라고 대답하시는 것 같나요? 아버지께서 떠오르게 하시는 생각, 말씀, 행동이 있다면 적어보세요.

Day 2

레위기 20:25

너희는 짐승이 정하고 부정함과 새가 정하고 부정함을 구별하고 내가 너희를 위하여 부정한 것으로 구별한 짐승이나 새나 땅에 기는 것들로 너희의 몸을 더럽히지 말라

레위기 19:2

너는 이스라엘 자손의 온 회중에게 말하여 이르라 너희는 거룩하라 이는 나 여호와 너희 하나님이 거룩함이니라

데살로니가전서 4:7

하나님이 우리를 부르심은 부정하게 하심이 아니요 거룩하게 하심이니

필사 Note

하나님과의 대화

1. 오늘 말씀에서 발견한 하나님은 어떤 분이신가요?

2. (당신의 질문) 오늘 하나님께 이야기하고 싶은 것, 묻고 싶은 것을 적어주세요.

3. (그분의 답변) 하나님은 당신의 이야기에, 질문에 무엇이라고 대답하시는 것 같나요? 아버지께서 떠오르게 하시는 생각, 말씀, 행동이 있다면 적어보세요.

Day 3

로마서 12:1-2

1 그러므로 형제들아 내가 하나님의 모든 자비하심으로 너희를 권하노니 너희 몸을 하나님이 기뻐하시는 거룩한 산 제물로 드리라 이는 너희가 드릴 영적 예배니라 2 너희는 이 세대를 본받지 말고 오직 마음을 새롭게 함으로 변화를 받아 하나님의 선하시고 기뻐하시고 온전하신 뜻이 무엇인지 분별하도록 하라

출애굽기 29:43

내가 거기서 이스라엘 자손을 만나리니 내 영광으로 말미암아 회막이 거룩하게 될지라

출애굽기 3:4~5

4 여호와께서 그가 보려고 돌이켜 오는 것을 보신지라 하나님이 떨기나무 가운데서 그를 불러 이르시되 모세야 모세야 하시매 그가 이르되 내가 여기 있나이다 5 하나님이 이르시되 이리로 가까이 오지 말라 네가 선 곳은 거룩한 땅이니 네 발에서 신을 벗으라

필사 Note

하나님과의 대화

1. 오늘 말씀에서 발견한 하나님은 어떤 분이신가요?

2. (당신의 질문) 오늘 하나님께 이야기하고 싶은 것, 묻고 싶은 것을 적어주세요.

3. (그분의 답변) 하나님은 당신의 이야기에, 질문에 무엇이라고 대답하시는 것 같나요? 아버지께서 떠오르게 하시는 생각, 말씀, 행동이 있다면 적어보세요.

Day 4

시편 119:103~104

103 주의 말씀의 맛이 내게 어찌 그리 단지요 내 입에 꿀보다 더 다니이다 104 주의 법도들로 말미암아 내가 명철하게 되었으므로 모든 거짓 행위를 미워하나이다

시편 119:127~128

127 그러므로 내가 주의 계명들을 금 곧 순금보다 더 사랑하나이다 128 그러므로 내가 범사에 모든 주의 법도들을 바르게 여기고 모든 거짓 행위를 미워하나이다

필사 Note

하나님과의 대화

1. 오늘 말씀에서 발견한 하나님은 어떤 분이신가요?

2. (당신의 질문) 오늘 하나님께 이야기하고 싶은 것, 묻고 싶은 것을 적어주세요.

3. (그분의 답변) 하나님은 당신의 이야기에, 질문에 무엇이라고 대답하시는 것 같나요? 아버지께서 떠오르게 하시는 생각, 말씀, 행동이 있다면 적어보세요.

Day 5

요한복음 15:3-5

3 너희는 내가 일러준 말로 이미 깨끗하여졌으니 4 내 안에 거하라 나도 너희 안에 거하리라 가지가 포도나무에 붙어 있지 아니하면 스스로 열매를 맺을 수 없음 같이 너희도 내 안에 있지 아니하면 그러하리라 5 나는 포도나무요 너희는 가지라 그가 내 안에, 내가 그 안에 거하면 사람이 열매를 많이 맺나니 나를 떠나서는 너희가 아무 것도 할 수 없음이라

필사 Note

Chapter 4 / 거룩하신 하나님

하나님과의 대화

1. 오늘 말씀에서 발견한 하나님은 어떤 분이신가요?

2. (당신의 질문) 오늘 하나님께 이야기하고 싶은 것, 묻고 싶은 것을 적어주세요.

”

3. (그분의 답변) 하나님은 당신의 이야기에, 질문에 무엇이라고 대답하시는 것 같나요? 아버지께서 떠오르게 하시는 생각, 말씀, 행동이 있다면 적어보세요.

“

”

Chapter 5

자비와 긍휼이 풍성하신 하나님

Day 1

레위기 1:9

그 내장과 정강이를 물로 씻을 것이요 제사장은 그 전부를 제단 위에서 불살라 번제를
드릴지니 이는 화제라 여호와께 향기로운 냄새니라

필사 Note

Chapter 5 / 자비와 긍휼이 풍성하신 하나님

하나님과의 대화

1. 오늘 말씀에서 발견한 하나님은 어떤 분이신가요?

2. (당신의 질문) 오늘 하나님께 이야기하고 싶은 것, 묻고 싶은 것을 적어주세요.

"

3. (그분의 답변) 하나님은 당신의 이야기에, 질문에 무엇이라고 대답하시는 것 같나요? 아버지께서 떠오르게 하시는 생각, 말씀, 행동이 있다면 적어보세요.

"

"

Day 2

레위기 1:3

그 예물이 소의 번제이면 흠 없는 수컷으로 회막 문에서 여호와 앞에 기쁘게 받으시도록 드릴지니라

필사 Note

Chapter 5 / 자비와 긍휼이 풍성하신 하나님

하나님과의 대화

1. 오늘 말씀에서 발견한 하나님은 어떤 분이신가요?

2. (당신의 질문) 오늘 하나님께 이야기하고 싶은 것, 묻고 싶은 것을 적어주세요.

3. (그분의 답변) 하나님은 당신의 이야기에, 질문에 무엇이라고 대답하시는 것 같나요? 아버지께서 떠오르게 하시는 생각, 말씀, 행동이 있다면 적어보세요.

Day 3

레위기 1:10

만일 그 예물이 가축 떼의 양이나 염소의 번제이면 흠 없는 수컷으로 드릴지니

필사 Note

Chapter 5 / 자비와 긍휼이 풍성하신 하나님

하나님과의 대화

1. 오늘 말씀에서 발견한 하나님은 어떤 분이신가요?

2. (당신의 질문) 오늘 하나님께 이야기하고 싶은 것, 묻고 싶은 것을 적어주세요.

     "

            "

3. (그분의 답변) 하나님은 당신의 이야기에, 질문에 무엇이라고 대답하시는 것 같나요? 아버지께서 떠오르게 하시는 생각, 말씀, 행동이 있다면 적어보세요.

     "

            "

Day 4

누가복음 15:1

¹ 모든 세리와 죄인들이 말씀을 들으러 가까이 나아오니

필사 Note

하나님과의 대화

1. 오늘 말씀에서 발견한 하나님은 어떤 분이신가요?

2. (당신의 질문) 오늘 하나님께 이야기하고 싶은 것, 묻고 싶은 것을 적어주세요.

"

3. (그분의 답변) 하나님은 당신의 이야기에, 질문에 무엇이라고 대답하시는 것 같나요? 아버지께서 떠오르게 하시는 생각, 말씀, 행동이 있다면 적어보세요.

"

Day 5

누가복음 15:2~3

² 바리새인과 서기관들이 수군거려 이르되 이 사람이 죄인을 영접하고 음식을 같이 먹는
다 하더라 ³ 예수께서 그들에게 이 비유로 이르시되

필사 Note

하나님과의 대화

1. 오늘 말씀에서 발견한 하나님은 어떤 분이신가요?

2. (당신의 질문) 오늘 하나님께 이야기하고 싶은 것, 묻고 싶은 것을 적어주세요.

99

3. (그분의 답변) 하나님은 당신의 이야기에, 질문에 무엇이라고 대답하시는 것 같나요? 아버지께서 떠오르게 하시는 생각, 말씀, 행동이 있다면 적어보세요.

99

Chapter 6

하나님 안에서의 믿음

Day 1

히브리서 11:3

믿음으로 모든 세계가 하나님의 말씀으로 지어진 줄을 우리가 아나니 보이는 것은 나타난 것으로 말미암아 된 것이 아니니라

히브리서 11:17~19

17 아브라함은 시험을 받을 때에 믿음으로 이삭을 드렸으니 그는 약속들을 받은 자로되 그 외아들을 드렸느니라 18 그에게 이미 말씀하시기를 네 자손이라 칭할 자는 이삭으로 말미암으리라 하셨으니 19 그가 하나님이 능히 이삭을 죽은 자 가운데서 다시 살리실 줄로 생각한지라 비유컨대 그를 죽은 자 가운데서 도로 받은 것이니라

필사 Note

Chapter 6 / 하나님 안에서의 믿음

하나님과의 대화

1. 오늘 말씀에서 발견한 하나님은 어떤 분이신가요?

2. (당신의 질문) 오늘 하나님께 이야기하고 싶은 것, 묻고 싶은 것을 적어주세요.

3. (그분의 답변) 하나님은 당신의 이야기에, 질문에 무엇이라고 대답하시는 것 같나요? 아버지께서 떠오르게 하시는 생각, 말씀, 행동이 있다면 적어보세요.

Day 2

창세기 22:1-5

1 그 일 후에 하나님이 아브라함을 시험하시려고 그를 부르시되 아브라함아 하시니 그가 이르되 내가 여기 있나이다 2 여호와께서 이르시되 네 아들 네 사랑하는 독자 이삭을 데리고 모리아 땅으로 가서 내가 네게 일러 준 한 산 거기서 그를 번제로 드리라 3 아브라함이 아침에 일찍이 일어나 나귀에 안장을 지우고 두 종과 그의 아들 이삭을 데리고 번제에 쓸 나무를 쪼개어 가지고 떠나 하나님이 자기에게 일러 주신 곳으로 가더니 4 제삼일에 아브라함이 눈을 들어 그 곳을 멀리 바라본지라 5 이에 아브라함이 종들에게 이르되 너희는 나귀와 함께 여기서 기다리라 내가 아이와 함께 저기 가서 예배하고 우리가 너희에게로 돌아오리라 하고

필사 Note

하나님과의 대화

1. 오늘 말씀에서 발견한 하나님은 어떤 분이신가요?

2. (당신의 질문) 오늘 하나님께 이야기하고 싶은 것, 묻고 싶은 것을 적어주세요.

66

99

3. (그분의 답변) 하나님은 당신의 이야기에, 질문에 무엇이라고 대답하시는 것 같나요? 아버지께서 떠오르게 하시는 생각, 말씀, 행동이 있다면 적어보세요.

66

99

Day 3

창세기 22:6-10

6 아브라함이 이에 번제 나무를 가져다가 그의 아들 이삭에게 지우고 자기는 불과 칼을 손에 들고 두 사람이 동행하더니 7 이삭이 그 아버지 아브라함에게 말하여 이르되 내 아버지여 하니 그가 이르되 내 아들아 내가 여기 있노라 이삭이 이르되 불과 나무는 있거니와 번제할 어린 양은 어디 있나이까 8 아브라함이 이르되 내 아들아 번제할 어린 양은 하나님이 자기를 위하여 친히 준비하시리라 하고 두 사람이 함께 나아가서 9 하나님이 그에게 일러 주신 곳에 이른지라 이에 아브라함이 그 곳에 제단을 쌓고 나무를 벌여 놓고 그의 아들 이삭을 결박하여 제단 나무 위에 놓고 10 손을 내밀어 칼을 잡고 그 아들을 잡으려 하니

필사 Note

Chapter 6 / 하나님 안에서의 믿음

하나님과의 대화

1. 오늘 말씀에서 발견한 하나님은 어떤 분이신가요?

2. (당신의 질문) 오늘 하나님께 이야기하고 싶은 것, 묻고 싶은 것을 적어주세요.

"

"

3. (그분의 답변) 하나님은 당신의 이야기에, 질문에 무엇이라고 대답하시는 것 같나요? 아버지께서 떠오르게 하시는 생각, 말씀, 행동이 있다면 적어보세요.

"

"

Day 4

야고보서 2:18, 21-22

18 어떤 사람은 말하기를 너는 믿음이 있고 나는 행함이 있으니 행함이 없는 네 믿음을 내게 보이라 나는 행함으로 내 믿음을 네게 보이리라 하리라 21 우리 조상 아브라함이 그 아들 이삭을 제단에 바칠 때에 행함으로 의롭다 하심을 받은 것이 아니냐 22 네가 보거니와 믿음이 그의 행함과 함께 일하고 행함으로 믿음이 온전하게 되었느니라

필사 Note

하나님과의 대화

1. 오늘 말씀에서 발견한 하나님은 어떤 분이신가요?

2. (당신의 질문) 오늘 하나님께 이야기하고 싶은 것, 묻고 싶은 것을 적어주세요.

3. (그분의 답변) 하나님은 당신의 이야기에, 질문에 무엇이라고 대답하시는 것 같나요? 아버지께서 떠오르게 하시는 생각, 말씀, 행동이 있다면 적어보세요.

Day 5

히브리서 12:2

믿음의 주요 또 온전하게 하시는 이인 예수를 바라보자 그는 그 앞에 있는 기쁨을 위하여 십자가를 참으사 부끄러움을 개의치 아니하시더니 하나님 보좌 우편에 앉으셨느니라

마태복음 7:24

그러므로 누구든지 나의 이 말을 듣고 행하는 자는 그 집을 반석 위에 지은 지혜로운 사람 같으리니

필사 Note

하나님과의 대화

1. 오늘 말씀에서 발견한 하나님은 어떤 분이신가요?

2. (당신의 질문) 오늘 하나님께 이야기하고 싶은 것, 묻고 싶은 것을 적어주세요.

3. (그분의 답변) 하나님은 당신의 이야기에, 질문에 무엇이라고 대답하시는 것 같나요? 아버지께서 떠오르게 하시는 생각, 말씀, 행동이 있다면 적어보세요.

Chapter 7

하나님 안에서의 소망

Day 1

시편 62:1~5

1 나의 영혼이 잠잠히 하나님만 바람이여 나의 구원이 그에게서 나오는도다 2 오직 그만이 나의 반석이시요 나의 구원이시요 나의 요새이시니 내가 크게 흔들리지 아니하리로다 3 넘어지는 담과 흔들리는 울타리 같이 사람을 죽이려고 너희가 일제히 공격하기를 언제까지 하려느냐 4 그들이 그를 그의 높은 자리에서 떨어뜨리기만 꾀하고 거짓을 즐겨 하니 입으로는 축복이요 속으로는 저주로다(셀라) 5 나의 영혼아 잠잠히 하나님만 바라라 무릇 나의 소망이 그로부터 나오는도다

시편 71:5

주 여호와여 주는 나의 소망이시요 내가 어릴 때부터 신뢰한 이시라

필사 Note

하나님과의 대화

1. 오늘 말씀에서 발견한 하나님은 어떤 분이신가요?

2. (당신의 질문) 오늘 하나님께 이야기하고 싶은 것, 묻고 싶은 것을 적어주세요.

3. (그분의 답변) 하나님은 당신의 이야기에, 질문에 무엇이라고 대답하시는 것 같나요? 아버지께서 떠오르게 하시는 생각, 말씀, 행동이 있다면 적어보세요.

Day 2

시편 42:1~5

1 하나님이여 사슴이 시냇물을 찾기에 갈급함 같이 내 영혼이 주를 찾기에 갈급하니이다
2 내 영혼이 하나님 곧 살아 계시는 하나님을 갈망하나니 내가 어느 때에 나아가서 하나님의 얼굴을 뵈올까 3 사람들이 종일 내게 하는 말이 네 하나님이 어디 있느뇨 하오니 내 눈물이 주야로 내 음식이 되었도다 4 내가 전에 성일을 지키는 무리와 동행하여 기쁨과 감사의 소리를 내며 그들을 하나님의 집으로 인도하였더니 이제 이 일을 기억하고 내 마음이 상하는도다 5 내 영혼아 네가 어찌하여 낙심하며 어찌하여 내 속에서 불안해 하는가 너는 하나님께 소망을 두라 그가 나타나 도우심으로 말미암아 내가 여전히 찬송하리로다

필사 Note

하나님과의 대화

1. 오늘 말씀에서 발견한 하나님은 어떤 분이신가요?

2. (당신의 질문) 오늘 하나님께 이야기하고 싶은 것, 묻고 싶은 것을 적어주세요.

3. (그분의 답변) 하나님은 당신의 이야기에, 질문에 무엇이라고 대답하시는 것 같나요? 아버지께서 떠오르게 하시는 생각, 말씀, 행동이 있다면 적어보세요.

Day 3

민수기 23:19

하나님은 사람이 아니시니 거짓말을 하지 않으시고 인생이 아니시니 후회가 없으시도다
어찌 그 말씀하신 바를 행하지 않으시며 하신 말씀을 실행하지 않으시랴

이사야 40:8

풀은 마르고 꽃은 시드나 우리 하나님의 말씀은 영원히 서리라 하라

히브리서 11:1

믿음은 바라는 것들의 실상이요 보이지 않는 것들의 증거니

필사 Note

하나님과의 대화

1. 오늘 말씀에서 발견한 하나님은 어떤 분이신가요?

2. (당신의 질문) 오늘 하나님께 이야기하고 싶은 것, 묻고 싶은 것을 적어주세요.

3. (그분의 답변) 하나님은 당신의 이야기에, 질문에 무엇이라고 대답하시는 것 같나요? 아버지께서 떠오르게 하시는 생각, 말씀, 행동이 있다면 적어보세요.

Day 4

로마서 8:23~26

23 그뿐 아니라 또한 우리 곧 성령의 처음 익은 열매를 받은 우리까지도 속으로 탄식하여 양자 될 것 곧 우리 몸의 속량을 기다리느니라 24 우리가 소망으로 구원을 얻었으매 보이는 소망이 소망이 아니니 보는 것을 누가 바라리요 25 만일 우리가 보지 못하는 것을 바라면 참음으로 기다릴지니라 26 이와 같이 성령도 우리의 연약함을 도우시나니 우리는 마땅히 기도할 바를 알지 못하나 오직 성령이 말할 수 없는 탄식으로 우리를 위하여 친히 간구하시느니라

필사 Note

Chapter 7 / 하나님 안에서의 소망

하나님과의 대화

1. 오늘 말씀에서 발견한 하나님은 어떤 분이신가요?

2. (당신의 질문) 오늘 하나님께 이야기하고 싶은 것, 묻고 싶은 것을 적어주세요.

3. (그분의 답변) 하나님은 당신의 이야기에, 질문에 무엇이라고 대답하시는 것 같나요? 아버지께서 떠오르게 하시는 생각, 말씀, 행동이 있다면 적어보세요.

Day 5

디모데후서 4:4~8

4 또 그 귀를 진리에서 돌이켜 허탄한 이야기를 따르리라 5 그러나 너는 모든 일에 신중하여 고난을 받으며 전도자의 일을 하며 네 직무를 다하라 6 전제와 같이 내가 벌써 부어지고 나의 떠날 시각이 가까웠도다 7 나는 선한 싸움을 싸우고 나의 달려갈 길을 마치고 믿음을 지켰으니 8 이제 후로는 나를 위하여 의의 면류관이 예비되었으므로 주 곧 의로우신 재판장이 그 날에 내게 주실 것이며 내게만 아니라 주의 나타나심을 사모하는 모든 자에게도니라

필사 Note

하나님과의 대화

1. 오늘 말씀에서 발견한 하나님은 어떤 분이신가요?

2. (당신의 질문) 오늘 하나님께 이야기하고 싶은 것, 묻고 싶은 것을 적어주세요.

3. (그분의 답변) 하나님은 당신의 이야기에, 질문에 무엇이라고 대답하시는 것 같나요? 아버지께서 떠오르게 하시는 생각, 말씀, 행동이 있다면 적어보세요.

Chapter 8

하나님 안에서의 사랑

Day 1

스바냐 3:17

너의 하나님 여호와가 너의 가운데에 계시니 그는 구원을 베푸실 전능자이시라 그가 너로 말미암아 기쁨을 이기지 못하시며 너를 잠잠히 사랑하시며 너로 말미암아 즐거이 부르며 기뻐하시리라 하리라

로마서 5:8~9

8 우리가 아직 죄인 되었을 때에 그리스도께서 우리를 위하여 죽으심으로 하나님께서 우리에 대한 자기의 사랑을 확증하셨느니라 9 그러면 이제 우리가 그의 피로 말미암아 의롭다 하심을 받았으니 더욱 그로 말미암아 진노하심에서 구원을 받을 것이니

필사 Note

하나님과의 대화

1. 오늘 말씀에서 발견한 하나님은 어떤 분이신가요?

2. (당신의 질문) 오늘 하나님께 이야기하고 싶은 것, 묻고 싶은 것을 적어주세요.

"

"

3. (그분의 답변) 하나님은 당신의 이야기에, 질문에 무엇이라고 대답하시는 것 같나요? 아버지께서 떠오르게 하시는 생각, 말씀, 행동이 있다면 적어보세요.

"

"

Day 2

골로새서 1:19~20

19 아버지께서는 모든 충만으로 예수 안에 거하게 하시고 20 그의 십자가의 피로 화평을 이루사 만물 곧 땅에 있는 것들이나 하늘에 있는 것들이 그로 말미암아 자기와 화목하게 되기를 기뻐하심이라

창세기 1:27

하나님이 자기 형상 곧 하나님의 형상대로 사람을 창조하시되 남자와 여자를 창조하시고

필사 Note

하나님과의 대화

1. 오늘 말씀에서 발견한 하나님은 어떤 분이신가요?

2. (당신의 질문) 오늘 하나님께 이야기하고 싶은 것, 묻고 싶은 것을 적어주세요.

3. (그분의 답변) 하나님은 당신의 이야기에, 질문에 무엇이라고 대답하시는 것 같나요? 아버지께서 떠오르게 하시는 생각, 말씀, 행동이 있다면 적어보세요.

Day 3

시편 139:13~14

13 주께서 내 내장을 지으시며 나의 모태에서 나를 만드셨나이다 14 내가 주께 감사하옴은 나를 지으심이 심히 기묘하심이라 주께서 하시는 일이 기이함을 내 영혼이 잘 아나이다

요한복음 13:34

새 계명을 너희에게 주노니 서로 사랑하라 내가 너희를 사랑한 것 같이 너희도 서로 사랑하라

필사 Note

하나님과의 대화

1. 오늘 말씀에서 발견한 하나님은 어떤 분이신가요?

2. (당신의 질문) 오늘 하나님께 이야기하고 싶은 것, 묻고 싶은 것을 적어주세요.

3. (그분의 답변) 하나님은 당신의 이야기에, 질문에 무엇이라고 대답하시는 것 같나요? 아버지께서 떠오르게 하시는 생각, 말씀, 행동이 있다면 적어보세요.

Day 4

요한1서 4:19

우리가 사랑함은 그가 먼저 우리를 사랑하셨음이라

마가복음 12:31

둘째는 이것이니 네 이웃을 네 자신과 같이 사랑하라 하신 것이라 이보다 더 큰 계명이
없느니라

필사 Note

Chapter 8 / 하나님 안에서의 사랑

하나님과의 대화

1. 오늘 말씀에서 발견한 하나님은 어떤 분이신가요?

2. (당신의 질문) 오늘 하나님께 이야기하고 싶은 것, 묻고 싶은 것을 적어주세요.

3. (그분의 답변) 하나님은 당신의 이야기에, 질문에 무엇이라고 대답하시는 것 같나요? 아버지께서 떠오르게 하시는 생각, 말씀, 행동이 있다면 적어보세요.

Day 5

히브리서 10:24-25

24 서로 돌아보아 사랑과 선행을 격려하며 25 모이기를 폐하는 어떤 사람들의 습관과 같이 하지 말고 오직 권하여 그 날이 가까움을 볼수록 더욱 그리하자

에베소서 4:2-4

2 모든 겸손과 온유로 하고 오래 참음으로 사랑 가운데서 서로 용납하고 3 평안의 매는 줄로 성령이 하나 되게 하신 것을 힘써 지키라 4 몸이 하나요 성령도 한 분이시니 이와 같이 너희가 부르심의 한 소망 안에서 부르심을 받았느니라

필사 Note

하나님과의 대화

1. 오늘 말씀에서 발견한 하나님은 어떤 분이신가요?

2. (당신의 질문) 오늘 하나님께 이야기하고 싶은 것, 묻고 싶은 것을 적어주세요.

"

3. (그분의 답변) 하나님은 당신의 이야기에, 질문에 무엇이라고 대답하시는 것 같나요? 아버지께서 떠오르게 하시는 생각, 말씀, 행동이 있다면 적어보세요.

"

여정 필사노트 Season 1. 하나님

초판 1쇄 발행	2025년 3월 20일
지은이	이연임
기획	정강욱 이연임
편집	백예인
디자인	김형진
출판	리얼러닝
주소	서울시 마포구 어울마당로1길 18, 2층
전화	02-337-0333
이메일	withreallearning@gmail.com
출판등록	제 406-2020-000085호
ISBN	979-11-988408-8-2